Frühstücksbrei und Porridge

FRÜHSTÜCKSBREI und Porridge

CARINA SEPPELT

Jan Thorbecke Verlag

VERLAGSGRUPPE PATMOS

PATMOS
ESCHBACH
GRÜNEWALD
THORBECKE
SCHWABEN

Die Verlagsgruppe
mit Sinn für das Leben

Für die Schwabenverlag AG ist
Nachhaltigkeit ein wichtiger Maßstab
ihres Handelns. Wir achten daher
auf den Einsatz umweltschonender
Ressourcen und Materialien.

Gestaltung: Finken & Bumiller, Stuttgart
Fotos: Studio Seiffe, Hamburg
Druck: Neue Süddeutsche Verlagsdruckerei, Ulm
Hergestellt in Deutschland
ISBN 978-3-7995-1026-4 (Print)
ISBN 978-3-7995-1045-5 (eBook)

Bildnachweis
Sämtliche Fotos stammen vom
Studio Seiffe, Hamburg. Der Jan
Thorbecke Verlag dankt für die
freundliche Genehmigung zum
Abdruck und die angenehme Zu-
sammenarbeit, insbesondere dem
Fotografen Arvid Knoll.

Die Autorin
Carina Seppelt, 1988 im Münster-
land geboren, lebt heute ihren
Traumberuf als Foodstylistin und
Rezeptentwicklerin. 2005 legte
sie den Grundstein mit ihrer
Ausbildung zur Köchin und kann
seitdem ihre kreative Ader mit
köstlichen Gaumenfreuden ver-
binden. Verschiedene Stationen
im gesamten Bundesgebiet nutzte
sie, um Erfahrungen im Bereich
Foodstyling zu sammeln. Seit 2013
arbeitet sie deutschlandweit als
freiberufliche Foodstylistin und
Rezeptentwicklerin.

inhalt

Der gesunde Start in den Tag! 6

Frühstücksbrei 8

Porridge 30

Milchreis, Grütze & Co. 44

Frühstücksdrinks 60

Register 64

Der gesunde Start in den Tag!

Müsli war gestern – jetzt gibt es Frühstücksbrei & Porridge. Sie sind leicht verdaulich, machen lange satt, ohne den Körper dabei zu belasten, und liefern ausreichend Energie und Vitamine für einen gesunden Start in den Tag.

Frühstücksbrei und Porridge sind unglaublich flexibel – je nach Wunsch können die Rezepte statt mit **Milch** auch mit **veganen Alternativen** wie **Haselnuss-, Kokos-** oder **Mandeldrinks sowie Hafer-, Reis-** oder **Sojamilch** zubereitet werden. Und statt **Joghurt** funktioniert natürlich auch **Sojajoghurt**. So werden aus den vegetarischen Köstlichkeiten im Handumdrehen vegane Leckereien. Und statt **Zucker** können Sie natürlich auch **Honig, Agavendicksaft** oder **Stevia** verwenden – ganz nach Ihrem persönlichem Geschmack.

In vielen meiner Rezepte für Frühstücksbrei und Porridge sorgen **Superfoods** wie **Chia, Gojibeeren** oder **Matcha** für ein Plus an Vitaminen und Nährstoffen. Für den zusätzlichen Nährstoffkick können Sie natürlich auch bei anderen Rezepten mit diesen gesunden Zutaten experimentieren – aber übertreiben Sie es natürlich nicht mit der Menge.

Und **Schokolade** lässt sich beispielsweise leicht durch **Rohschokolade** ersetzen. Ich habe darauf geachtet, bei meinen Rezepten eine große Vielfalt an Getreiden und getreideähnlichen Samen zu verwenden, von denen viele **glutenfrei** sind: Von **Amarant** und **Quinoa** über **Buchweizen** und **Hirse** bis hin zu **Hafer, Dinkel** und **Naturreis** ist alles dabei. Experimentieren Sie ruhig auch hier und versuchen Sie meine Rezepte mal mit Ihrem Lieblingsgetreide.

Aber das Beste ist: Frühstücksbrei und Porridge sind nicht nur gesund, sondern schmecken einfach unglaublich köstlich! Schlemmen Sie mit Rezepten wie Blaubeer-Hafer-Porridge, Quinoa-Kokos-Brei oder Buchweizengrütze mit Mohn und Birne und vielen anderen.

Genießen Sie Ihren Start in den Tag
Ihre Carina Seppelt

Beeren-Hirse-Brei

Für 4 Personen
250 g Hirse
500 ml Milch
300 g tiefgefrorene Beerenmischung
2 EL Honig
200 g Honig

Die Hirse in ein Sieb geben und unter kaltem Wasser abspülen.

Alle Zutaten zusammen in einen Topf geben und aufkochen. 5 Minuten bei mittlerer Hitze köcheln lassen, dabei ständig umrühren.

Vor dem Servieren noch 10 Minuten quellen lassen. Vor dem Verzehr den Joghurt unterrühren.

Quinoa-Kokos-Brei

Für 4 Personen

300 g Quinoa
800 ml Kokosdrink
60 g brauner Zucker
200 g Joghurt
1 Banane
2 Kiwis
2 Passionsfrüchte

Die Quinoa in ein Sieb geben und unter kaltem Wasser abspülen. Den Kokosdrink mit der Quinoa und dem Zucker in einem Topf aufkochen und 20 Minuten köcheln lassen. Regelmäßig umrühren. Komplett abkühlen lassen.

Wenn der Quinoabrei kalt ist, den Joghurt unterheben. Den Brei in vier Schalen verteilen.

Die Banane und die Kiwis schälen. Die Banane in Scheiben schneiden, die Kiwis vierteln und auf die vier Schalen verteilen. Die Passionsfrüchte halbieren, das Fruchtfleisch herauslösen und auf dem Obst verteilen.

Piña-Colada-Dinkel-Brei

Für 4 Personen
800 ml Kokosdrink
160 g Dinkelflocken
4 EL Honig
1 EL Vanillezucker
½ Ananas
1 Bio-Limette

Den Kokosdrink zusammen mit den Dinkelflocken, dem Honig und dem Vanillezucker aufkochen. Unter Rühren ca. 5 Minuten köcheln lassen.

Die Ananas schälen, den Strunk entfernen und das Fruchtfleisch würfeln. Die Ananaswürfel zum Brei geben.

Die Limette heiß waschen, halbieren. Die eine Hälfte auspressen. Den Saft zum Brei geben und unterrühren. Die andere Hälfte in Scheiben schneiden. Den Piña-Colada-Dinkel-Brei in Gläser füllen und mit Limettenscheiben garnieren.

Haselnuss-Amarant-Brei mit Aprikosen und Birnen

Für 4 Personen

330 g Amarant
1 l Haselnussdrink
4 EL Honig
150 g getrocknete Aprikosen
50 g Zartbitter-Schokolade
2 Birnen

Den Amarant in ein Sieb geben und unter kaltem Wasser abspülen. Den Haselnussdrink zusammen mit dem Amarant und dem Honig aufkochen. 30 Minuten köcheln lassen. Ständig umrühren. Danach 10 Minuten quellen lassen.

Die Aprikosen würfeln. Die Schokolade grob hacken. Die Birnen waschen, halbieren, entkernen und in dünne Scheiben schneiden.

Den Amarantbrei in Schüsseln füllen. Die Birnenscheiben, Aprikosenwürfel und Schokoladenstücke darauf verteilen.

Pfirsich-Melba-Dinkel-Brei

Für 4 Personen
160 g Himbeeren
160 g Dinkelflocken
800 ml Milch
2 EL Honig
1 EL Vanillezucker
2 reife Pfirsiche
Zitronenmelisse zum Garnieren

Die Himbeeren waschen. Die Dinkelflocken mit der Milch, dem Honig, dem Vanillezucker und der Hälfte der Himbeeren aufkochen. Ca. 5 Minuten unter ständigem Rühren köcheln lassen.

Die Pfirsiche waschen, halbieren, entkernen und in Spalten schneiden. Den Himbeer-Dinkel-Brei mit den Pfirsichspalten in tiefen Tellern verteilen. Mit Zitronenmelisse garnieren.

Orangen-Getreide-Brei mit Trauben und Kakaonibs

Für 4 Personen
700 ml Orangensaft
160 g Getreidemischung, geschrotet
4 EL Honig
100 g Weintrauben, kernlos
2 EL Kakaonibs

Den Orangensaft zusammen mit der Getreidemischung und dem Honig aufkochen. 20 Minuten quellen lassen.

Die Trauben waschen und halbieren. Den Getreidebrei in vier tiefen Tellern verteilen. Die Trauben und die Kakaonibs darauf verteilen.

Brombeer-Dinkel-Brei

Für 4 Personen
40 g Amarettini
160 g Dinkelflocken
800 ml Milch
2 EL Honig
120 g Brombeeren

Die Amarettini hacken. Alle Zutaten bis auf einige Brombeeren und
2 EL Amarettinibrösel in einen Topf geben und zusammen aufkochen.
Unter Rühren ca. 5 Minuten köcheln lassen.

Den Brei in vier Schalen verteilen und mit den restlichen Brombeeren
und jeweils ½ EL Amarettini garnieren.

Matcha-Trockenfrucht-Weizen-Brei

Für 4 Personen

600 ml Milch
1 TL Matcha
2 EL getrocknete Gojibeeren
4 EL Honig
160 g Weizenschrot
200 g Trockenfrüchte (z.B. Mango, Melone, Ananas, Papaya)

Die Milch zusammen mit dem Matcha, den Gojibeeren, dem Honig und dem Weizenschrot in einem Topf aufkochen. Dann 15 Minuten quellen lassen.

In der Zwischenzeit die Trockenfrüchte würfeln. Den Weizenbrei in vier Schalen verteilen und die Trockenfrüchte daraufgeben.

Erdmandel-Matcha-Hirse-Brei

Für 4 Personen

60 g Erdmandeln (getrocknet)
160 g Hirse
700 ml Milch
1 TL Matcha
Honig nach Bedarf
2 EL Kürbiskerne
2 EL Hanfsamen
2 EL Quark

Die Erdmandeln über Nacht in Wasser einweichen.

Die Hirse in ein Sieb geben und unter kaltem Wasser abspülen.
Die Erdmandeln abtropfen lassen und zusammen mit der Milch, dem
Matcha und der Hirse aufkochen. 30 Minuten quellen lassen.

Nach Belieben mit Honig süßen. Zusammen mit den gehackten Kürbis-
kernen, den Hanfsamen und dem Quark servieren.

Buchweizen-Brei mit Mohn und Birne

Für 4 Personen
400 ml Milch
200 g Buchweizengrütze
150 g backfertiger Mohn
300 g Joghurt
2 reife Birnen

Die Milch zusammen mit der Buchweizengrütze und dem Mohn aufkochen. Regelmäßig umrühren. Den Brei bei mittlerer Hitze ca. 5–10 Minuten köcheln lassen. Den Brei komplett abkühlen lassen.

Den Joghurt unterheben. Die Birnen waschen, vierteln, entkernen und in kleine Würfel schneiden. Die Birnenwürfel in den Brei geben.

Dinkel-Brei mit Rhabarber

Für 4 Personen
800 ml Milch
160 g Dinkelflocken
4 EL Honig
150 g Rhabarber
1 Vanilleschote
150 g Zucker

Die Milch zusammen mit den Dinkelflocken und dem Honig aufkochen. 5 Minuten bei mittlerer Hitze köcheln lassen.

Den Rhabarber putzen und in 0,5 cm dicke Scheiben schneiden. Die Vanilleschote längs halbieren und mit dem Messerrücken das Mark herauskratzen.

Das Vanillemark zusammen mit dem Rhabarber und dem Zucker in eine Pfanne geben und aufkochen. So lange köcheln lassen, bis sich der Zucker aufgelöst hat. Den Dinkelbrei zusammen mit dem Rhabarberkompott servieren.

Cranberry-Porridge mit weißer Schokolade

Für 4 Personen
800 ml Milch
3 EL Zucker
160 g Haferflocken
140 g Cranberrys
100 g weiße Schokolade

Die Milch zusammen mit dem Zucker, den Haferflocken und den Cranberrys in einem Topf aufkochen. So lange köcheln lassen, bis ein dickflüssiger Brei entsteht.

Die Schokolade grob hacken und vor dem Servieren unter den Porridge rühren.

Granatapfel-Porridge

Für 4 Personen
160 g Haferflocken
800 ml Milch
4 EL Zucker
1 Granatapfel
4 EL Kokosraspel

Die Haferflocken zusammen mit der Milch und dem Zucker aufkochen. Regelmäßig umrühren. Bei schwacher Hitze ca. 5 Minuten köcheln lassen.

Den Granatapfel vierteln und die Kerne herauslösen. Den Porridge mit den Granatapfelkernen und den Kokosraspeln servieren.

Keks-Porridge

Für 4 Personen
9 Kekse (ca. 180 g), z.B. Oreo
800 ml Milch
160 g Haferflocken

Die Kekse grob hacken. Alle Zutaten in einen Topf geben und aufkochen. Unter regelmäßigem Umrühren ca. 5 Minuten bei schwacher
Hitze köcheln lassen, bis ein dickflüssiger Brei entsteht.

Kaffee-Porridge

Für 4 Personen
800 ml Milch
160 g Haferflocken
2 EL löslicher Kaffee
2 EL Zucker
Schokoröllchen zum Garnieren

Die Milch zusammen mit den Haferflocken, dem Kaffee und dem Zucker aufkochen. Regelmäßig umrühren. Bei schwacher Hitze ca. 5 Minuten köcheln lassen, bis ein dickflüssiger Brei entsteht.

Vor dem Servieren mit Schokoröllchen garnieren.

Karamell-Walnuss-Porridge

Für 4 Personen

12 weiche Karamellbonbons (z.B. Muh-Muhs)
160 g Haferflocken
800 ml Milch
40 g Walnüsse
20 g getrocknete Gojibeeren

Die Karamellbonbons grob hacken und zusammen mit allen anderen Zutaten in einen Topf geben und unter ständigem Rühren aufkochen, bis ein dickflüssiger Brei entsteht. Bei mittlerer Hitze ca. 5 Minuten köcheln lassen.

Erdnussbutter-Porridge mit Erdbeeren

Für 4 Personen
800 ml Milch
160 g Haferflocken
4 EL Erdnussbutter
4 EL Honig
200 g Erdbeeren
einige Blätter Minze

Die Milch zusammen mit den Haferflocken, der Erdnussbutter und dem Honig aufkochen. 5 Minuten unter Rühren köcheln lassen.

Die Erdbeeren waschen, das Grün entfernen, die Früchte halbieren und in Scheiben schneiden. Den Erdnussbutter-Porridge in Gläser füllen. Die Erdbeerscheiben darauf verteilen und mit Minze garnieren.

Heidelbeer-Porridge

Für 4 Personen
800 ml Milch
160 g Haferflocken
2 EL Honig
400 g Heidelbeeren
1 EL gehackte Pistazien
200 g Joghurt

Alle Zutaten außer den Pistazien und dem Joghurt in einen Topf geben und aufkochen. Regelmäßig umrühren. Ca. 5 Minuten bei schwacher Hitze köcheln lassen, bis ein dickflüssiger Brei entsteht.

Den Porridge mit den Pistazien und dem Joghurt servieren.

Mandelmilchreis

Für 4 Personen
300 g Naturreis
1 l Mandelmilch
4 EL Honig
400 g Erdbeeren
4 EL Dinkel-Pops

Den Reis in ein Sieb geben und unter kaltem Wasser abspülen. Die Mandelmilch zusammen mit dem Honig aufkochen. Den Reis in die Mandelmilch geben und 40 Minuten köcheln lassen. Regelmäßig umrühren.

Die Erdbeeren waschen, das Grün mit einem Messer entfernen und die Früchte vierteln. Den Milchreis mit den Erdbeeren und den Dinkel-Pops servieren.

Milchreis mit karamellisierten Apfelscheiben

Für 4 Personen

250 g Wildreis-Naturreis-Mischung	4 TL Honig
1 Kardamomkapsel	2 kleine Äpfel
700 ml Milch	Saft von ½ Zitrone
4 TL Zimt	4 EL Zucker

Den Reis in ein Sieb geben und unter kaltem Wasser abspülen. Die Kardamomsamen aus der Schale lösen.

Die Milch zusammen mit dem Zimt, dem Honig und den Kardamomsamen aufkochen. Den Reis zugeben und 40 Minuten zugedeckt köcheln lassen. Regelmäßig umrühren.

Die Äpfel waschen, mit einem Kerngehäuseausstecher entkernen und in dünne Scheiben schneiden. Die Apfelscheiben mit Zitronensaft beträufeln. Den Zucker in einer Pfanne bei mittlerer Hitze erhitzen. Wenn der Zucker flüssig und goldgelb ist, die Apfelscheiben zugeben und 1–2 Minuten karamellisieren. Den Milchreis mit den Apfelscheiben servieren.

Maracuja-Hirse

Für 4 Personen
250 g Hirse
500 ml Maracujasaft
1 EL Agavendicksaft
½ Mango
8-10 Blätter Minze
100 g Himbeeren
2 EL Chiasamen
1 EL getrocknete Gojibeeren

Die Hirse in ein Sieb geben und unter kaltem Wasser abspülen.
Den Maracujasaft zusammen mit der Hirse in einem Topf aufkochen.
Unter Rühren 5 Minuten bei mittlerer Hitze köcheln lassen.
Danach 10 Minuten quellen lassen. Mit Agavendicksaft süßen.

Die Mango schälen, das Fruchtfleisch vom Kern schneiden und würfeln.
Die Minze waschen und fein hacken. Die Himbeeren waschen. Die Hirse
mit der Minze, den Mangostücken, den Himbeeren, den Chiasamen und
den Gojibeeren servieren. Auf Wunsch 200 g Joghurt hinzufügen.

Buchweizen-Grütze mit Pflaumen

Für 4 Personen
400 ml Milch
200 g Buchweizenschrot
2 EL Honig
400 g Pflaumen
1 TL Zimt
4 EL Zucker
2 EL Pistazienkerne
2 EL Chiasamen

Die Milch zusammen mit dem Buchweizen und dem Honig aufkochen. 5 Minuten kochen und danach 5 Minuten quellen lassen.

Die Pflaumen waschen, halbieren, entsteinen und achteln. Den Zimt und den Zucker in einer Pfanne bei mittlerer Hitze so lange erhitzen, bis die Mischung zu karamellisieren beginnt, also goldbraun wird. Dann sofort die Pflaumen zugeben und im eigenem Saft 2 Minuten köcheln lassen.

Die Pistazienkerne hacken. Die Buchweizengrütze zusammen mit den Pflaumen, den Chiasamen und den gehackten Pistazien servieren.

Feige-Chia-Dinkel-Grütze

Für 4 Personen
700 ml Milch
160 g Dinkelgrütze
2 EL Chiasamen
2 EL Zucker
4 Feigen
½ Granatapfel

Die Milch zusammen mit der Dinkelgrütze, den Chiasamen und dem Zucker aufkochen. Dann 15 Minuten quellen lassen.

Die Feigen waschen und halbieren. Die Granatapfelkerne aus der Schale lösen.

Die Dinkelgrütze in vier Schalen verteilen. Die Feigen und die Granatapfelkerne darauf verteilen.

KiBa-Grütze

Für 4 Personen
700 ml Kirschnektar
160 g Hafergrütze
2 Bananen
2 EL Kakaonibs
Minze zum Garnieren

Den Kirschnektar mit der Hafergrütze einmal aufkochen, dann 20 Minuten quellen lassen.

Die Bananen schälen und in Scheiben schneiden. Die Kirsch-Hafer-Grütze in vier Schalen verteilen. Die Bananenscheiben darauf verteilen. Jeweils ½ EL Kakonibs daraufstreuen und mit Minze garnieren.

Pfirsich-Gersten-Grütze

Für 4 Personen

700 ml Mandelmilch
160 g Gerstengrütze
2 EL brauner Zucker
2 Pfirsiche
2 EL getrocknete Gojibeeren
4 EL Amarant-Pops

Die Mandelmilch mit der Gerstengrütze und dem braunen Zucker in einen Topf geben und aufkochen. Dann 20 Minuten quellen lassen.

Die Pfirsiche waschen, halbieren, entkernen und in dünne Scheiben schneiden. Die Gerstengrütze in vier Schalen geben und die Pfirsich-scheiben darauf verteilen. Zum Schluss mit Gojibeeren und Amarant-Pops bestreuen.

Bircher Müsli

Für 4 Personen
200 g Haferflocken
500 ml Milch
40 g gehackte Haselnüsse
60 g Rosinen
Saft von ½ Zitrone
4 EL Zucker
4 kleine Äpfel
nach Belieben Milch oder Joghurt

Alle Zutaten bis auf die Äpfel sowie die zusätzliche Milch oder das Joghurt miteinander verrühren. Über Nacht abgedeckt im Kühlschrank quellen lassen.

Am nächsten Tag die Äpfel waschen und auf einer Reibe grob raspeln. Die Äpfel unter das Müsli rühren. Eventuell noch etwas Milch oder Joghurt zugeben.

Ananas-Kokos-Drink

Für 4 Personen
400 g frische Ananas
200 g Dinkelflocken
800 ml kalter Kokosdrink
Honig nach Belieben
Eiswürfel

Die Ananas schälen, vierteln und den Strunk vom Fruchtfleisch schneiden. Die Ananas grob würfeln und mit den restlichen Zutaten in einem hohen Messbecher mit einem Pürierstab pürieren. Den Drink mit Eiswürfeln servieren.

Apfel-Minze-Drink

Für 4 Personen
20 Blätter Minze
Saft von zwei Limetten
700 ml kalter Apfelsaft
250 g Haferflocken
Honig nach Belieben
Eiswürfel

Alle Zutaten bis auf die Eiswürfel in einem hohen Messbecher mit einem Pürierstab pürieren. Den Drink auf vier Gläser verteilen und nach Belieben Eiswürfel zugeben.

Erdbeer-Hafer-Drink

Für 4 Personen

300 g Erdbeeren
150 g Haferflocken
700 ml kalte Milch
Honig nach Belieben
Saft von 1 Zitrone

Die Erdbeeren waschen, das Grün entfernen und die Früchte zusammen mit den restlichen Zutaten in einen hohen Messbecher geben. Mit einem Pürierstab pürieren.

Heidelbeer-Dinkel-Drink

Für 4 Personen

300 g Heidelbeeren
150 g Dinkelflocken
700 ml kalte Milch
Saft von ½ Zitrone
Honig nach Belieben

Die Heidelbeeren waschen. Alle Zutaten in einem hohen Messbecher mit einem Pürierstab pürieren.

Register

A

Ananas-Kokos-Drink **60**

Apfel-Minze-Drink **60**

B

Beeren-Hirse-Brei **8**

Bircher Müsli **59**

Brombeer-Dinkel-Brei **20**

Buchweizen-Brei mit Mohn
und Birne **27**

Buchweizen-Grütze
mit Pflaumen **51**

C

Cranberry-Porridge mit
weißer Schokolade **31**

D

Dinkel-Brei mit Rhabarber **28**

E

Erdbeer-Hafer-Drink **63**

Erdmandel-Matcha-Hirse-Brei **24**

Erdnussbutter-Porridge
mit Erdbeeren **40**

F

Feige-Chia-Dinkel-Grütze **52**

G

Granatapfel-Porridge **32**

H

Haselnuss-Amarant-Brei
mit Aprikosen und Birnen **15**

Heidelbeer-Dinkel-Drink **63**

Heidelbeer-Porridge **43**

K

Kaffee-Porridge **36**

Karamell-Walnuss-Porridge **39**

Keks-Porridge **35**

KiBa-Grütze **55**

M

Mandelmilchreis **44**

Maracuja-Hirse **48**

Matcha-Trockenfrucht-Weizen-
Brei **23**

Milchreis mit karamellisierten
Apfelscheiben **47**

O

Orangen-Getreide-Brei
mit Trauben und Kakaonibs **19**

P

Pfirsich-Gersten-Grütze **56**

Pfirsich-Melba-Dinkel-Brei **16**

Piña-Colada-Dinkel-Brei **12**

Q

Quinoa-Kokos-Brei **11**